어쩜 이리 예쁠꼬

| 시인의 말 |

　동시는 어린이의 마음을 따뜻하고 순수하게 만들어주며, 아름답고 고운 언어를 자연스럽게 깨닫게 해주는 큰 샘물과도 같습니다.
　아들 딸을 키우던 젊은 엄마일때는 그저 잘 먹이고, 잘 재우는 것이 으뜸이라고 생각했던 조금은 엄격한 엄마였습니다. 하지만 손주 10개월 때부터 또 다시 육아를 하게 되면서, 아가의 모든 말과 행동은 할머니인 제 삶에 행복과 웃음을 안겨 주는 소중한 순간임을 깨닫게 되었습니다.

　손주에게 무엇을 줄 수 있을까 고민하던 중 동시를 들려주고 싶다는 마음으로 서점을 찾았습니다.
　하지만 서가에 놓인 책들은 글을 깨우친 어린이나 어른들만을 위한 동시집뿐이었습니다. 아쉬운 마음으로 돌아오는 길에 문득 '그렇다면 내가 직접 아가들과 아가 엄마들을 위해 동시를 써야겠다'고 마음먹었습니다.

손주와 함께 시간을 보내며 눈으로 보고, 손으로 만지고, 향기로 맡고, 마음으로 느낀 언어들을 이 동시집에 담았습니다.

그렇게 완성된 이 책을 이제 유치원생으로 자라난 귀엽고 사랑스런 손주에게 네 번째 생일 선물로 건넵니다.

비록 서툴고 부족한 글이지만, 이 책을 통해 대한민국의 미래를 이끌어 갈 어린 아이들이 고운 마음을 품고, 아름다운 말을 즐거워하며, 당당한 자신감을 키워나갈 수 있기를 진심으로 바랍니다.

지은이 박정민

| 추천사 |

체험에서 우러나온 삶의 동시들!

임 수 홍
한국문학신문 이사장

　동시는 어른이 어린이의 생활이나 생각과 느낌 또는 그들의 세상을 글감으로 하여 읽는 이가 감동을 받을 수 있도록 순수한 감수성, 교육적 요소를 내용으로 어른이 쓴 짧은 시를 말한다.

　박정민 아동문학가의 첫 동시집 『어쩜 이리 예쁠꼬』는 손주와 함께 생활하면서 직접 겪은 체험담을 할머니의 따뜻한 마음을 담아 진솔하게 표현하였다.
　제1부 어쩜 이리 예쁠꼬, 제2부 오솔길 걸어봐요, 제3부 나비야 이리 와, 제4부 눈 꽃송이가 내리면, 제5부 할머니와 아가의 여행 등으로 이루어진 총 90편의 주옥같은 동시들이 눈을 반짝이며 아가들을 기다리고 있다.

　동시집 『어쩜 이리 예쁠꼬』는 어른들의 시가 넘쳐나는 시대에, 박정민 아동문학가가 순수한 어린 손주의 눈으로 바라본 곳곳에 아름다운 서정(抒情)이 서려있으며, 동시들은 독자들이 읽기가 편안하게 호흡이 짧으면서도 임팩트(impact)가 있다.

   2025년 을사년을 맞이하면서 나라의 보배인 어린 아이들이 꼭 읽어야 할 동시집이라 추천한다.

| 추천사 |

동심과 세상을 잇다

정 종 민
성균관대학교 겸임교수

신 영 미
前 명당초등학교 교장

  동시란 어린이가 이해할 수 있는 언어로 어린이의 감정을 담아 쓴 시를 말합니다. 어린이가 쓰거나 어른이 어린이의 입장에서 보고, 듣고, 느낀 것에 생략, 비유, 리듬을 담아 아름다운 노래로 표현합니다.

  안사돈인 박정민 아동문학가는 딸 내외의 직장생활로 손주와 함께 생활하면서, 그 체험담을 동시로 풀어냈습니다. 영·유아기는 인성 형성에 있어서 어느 때보다 중요한 시기인데도, 이 시기의 아이들에게 들려줄 동시를 찾기 어려운 것이 우리의 현실입니다.

  며느리가 들려주는 손주의 생각과 말, 행동은 좀 특이했습니다. 엄마 하늘에 거미가 있어!/ 어! 진짜네. 엄마는 하늘에 있는 거미 처음 봤어!/ 엄마는 왜 하늘에 있는 거미를 처음봤어?/ 응 어른들은 너무 바쁘게 움직이느라 앞만보고 다니거든./ 엄마, 엄마도 이도랑 같이 하늘도 보고 땅도 보고 다니자.

사람들은 왜 나이가 많아지면 하늘나라에 가는거야?/ 응, 하늘나라에서 쉬면서 우리 이도 지켜주려구/ 그럼 엄마도 나중에 하늘나라 가?/ 먼훗날 엄마도 나이가 아주 많아지면 가겠지./ 안돼! 가지마! 내가 자석으로 하늘을 딱 붙여서 엄마 못가게 할거야. 하늘에 있는 왕할아버지 할머니도 다시 오게 자석으로 붙일거야.

작가는 이런 손주의 생각과 말, 행동을 그냥 흘려버리지 않고, 동시로 아름답게 승화시켰습니다.

어른이 아이의 마음을 짐작해서 쓰는 동시와 아이와 하나 되어 체험으로 쓰는 동시는 차이가 있습니다. 체험으로 쓴 작가의 동시는 더욱 깊이가 있고, 마음속에 쉽게 감동으로 다가옵니다. 작가의 동시는 동심과 세상을 이어주는 다리 같습니다. 어린이들과 영·유아기 아가의 엄마들에게 적극 권하고 싶은 책입니다.

제1부 어쩜 이리 예쁘꼬

어쩜 이리 예쁘꼬	14
아가의 통역사 누굴 뽑을까?	15
아가와 해님	16
세상에서 가장 예쁜 꽃	17
배냇저고리	18
엄마 품	19
세상에서 가장 아름다운 소리	20
아기 사랑 엄마 행복	21
아가와 꽃신	22
꿈나무	23
물총놀이	24
아이스크림	25
우산처럼 꿈을 펼쳐요	26
엄마 흉내 내기	28
토요일은 신나는 날	29
아기 풍선	30
세발자전거	31
아가, 아가별과 우주여행	32
엄마 사랑 아가 사랑	33

/ 차례 /

제2부 오솔길 걸어 봐요

오솔길 걸어 봐요	36
꽃이 피었어요	37
봄 피리	38
봄이 오는 소리	39
봄 캠핑	40
봄 동무들	41
민들레 꽃	42
꿀벌과 채송화	43
비가 내려요	44
빗방울 물 방울꽃	46
빗방울 은구슬 그리고 아가	47
후드득 빗방울	48
아가와 나뭇잎 그리고 해	49
여름	50
포도송이	51
비눗방울 놀이-1	52
비눗방울 놀이-2	53
비눗방울 무지개	54
비눗방울 놀이 재미나지요	55

/ 차례 /

제3부 나비야 이리 와

저 너머에는 누가 살까	58
이슬 꽃	59
꽃과 나비	60
나비야 나비야	61
나비야 이리 와	62
아가의 나비 세상	63
아기 오리와 노랑나비	64
토끼풀 꽃 시계	66
해바라기	67
오리 가족 서열 지키기	68
병아리	69
올챙이와 엄마 개구리	70
아기 오리와 아기 청개구리	71
예쁜 청개구리	72
개구리 알 사탕	73
아가랑 동물들의 여행	74
닮은 꼴	75

제4부 눈 꽃송이가 내리면

아가와 비둘기　　78

잠자리채　　79

도토리　　80

가을 햇살　　81

바람은 심술쟁이　　82

바람의 속삭임　　83

겨울방학　　84

봄 여름 가을 겨울바람　　86

아이 마음 난로　　87

달님은 마법사-1　　88

달님의 마법사-2　　89

겨울은　　90

겨울나무　　91

추위도 괜찮아요　　92

눈 꽃송이가 내리면　　93

꼬마 눈사람　　94

연　　95

/ 차례 /

제5부 할머니와 아가의 여행

할머니와 아가의 여행	98
손주는 꾸러기 이쁜 꾸러기	100
걸음마	101
할머니의 자장가	102
달맞이꽃	103
무지개	104
아가와 해바라기 꽃	105
아가의 웃음	106
호	107
오늘은 할머니랑 어린이집 가는 날	108
아가야 얼른 가자 늦었다	109
어린이집 안 갈래	110
아가가 좋아하는 깍두기 반찬	111
할머니의 육아일기	112
아가의 결혼	114
할머니는 장모님	115
꿈이 있어 걸어보자	116
꿈	117

작품해설 _ 손주의 모습에 비친 세상 이야기 / 118
김 전 (시인, 문학평론가)

제1부
어쩜 이리 예쁠꼬

어쩜 이리 예쁠꼬

낮잠 한숨 코 자야 할 시간
더욱더 초롱초롱 빛난 눈동자

손자는 요리조리 뛰고 뒹굴다
할머니 등에 폴짝 엎드려
꿈나라 여행 중

어부바 사랑, 포대기 사랑
아기 향 풀풀 풍기며
달콤하게 새근새근 잘도 잔다

어쩜 이리 이쁠까
앙 하고 깨물면
우리 아가 '아야' 하다고 울겠지

아가의 통역사 누굴 뽑을까?

우리 아가 말문 터졌네
외국어만큼이나 알아듣기 어려워
반은 알아듣고
반은 못 알아듣고

아가도 답답하고
할미도 답답하고
아무래도 엄마 참새가
통역해 줘야 하나 봐

아가와 해님

둥근 해가 반짝 떠올라
아가에게 눈부시게 비추니
우리 아가 해님에게
살짝 윙크해요

해님이 또다시 아가 볼에
쪽 하고 입 맞추니
우리 아가 아이 부끄러워
홍당무 되었네

세상에서 가장 예쁜 꽃

우리 아가 어느 꽃잎에서 왔기에
어쩜 이리 이쁠까?

우리 아가 어느 별에서 왔기에
어쩜 이리 초롱초롱 빛날까?

꽃보다도 더 이쁘고
별빛보다 더 빛나는 아가야

푸른 가을 하늘처럼 맑고
넓은 바다와 같아라

배냇저고리

아가들이 엄마 뱃속에 있을 때부터
준비해 둔 배냇저고리

세상에 태어나서 가장 먼저
입게 될 옷 배냇저고리

입고 벗기 편안하고
들바람 날바람 자유롭고

혈액들이 막힘없이
나돌게 만들어진 배냇저고리

엄마 뱃속처럼 편안하고
엄마 숨결처럼 보드라운 배냇저고리

이 세상 아가들이 축복받으며 태어나
가장 먼저 입게 된 배냇저고리

이 세상 모든 아가들이 편안하게
배냇저고리 입고 꿈과 희망을 안고
무럭무럭 자라거라

엄마 품

멍멍개야 짖지 마라
우리 아가 코 잘 잔다

삽살개야 짖지 마라
우리 아가 코 잘 잔다

바람아 부지 마라
우리 아가 잠 깰세라

구름아 오지 마라
우리 아가 잠 깰세라

밤하늘에 아가 별도
새근새근 잠잔다네

노랑나비 나풀나풀
아가 옆에 춤을 추네

세상에서 가장 아름다운 소리

옹알옹알 옹알이는
세계 공통어
아가들 예쁜 말

엄만 어른이라
알아듣지 못해도

아가 표정 보고
금세 알아차리는
엄마는 척척박사

아기 사랑 엄마 행복

우리 아가 기분이 좋은가 보다
엄마와 눈 맞추며 세상에서
가장 아름다운 소리 까르르

우리 아가 엄마와 눈 맞추며
세상에서 가장 아름다운 말
옹알옹알 옹알이

우리 아가 엄마와 눈 맞추며
세상에서 가장 행복한 사랑
엄마와 사랑 꿀 같은 사랑

우리 아가 엄마와 눈 맞추며
세상에서 가장 편안한
엄마 품에 안기어
꽃 중에 꽃 피우네!

아가와 꽃신

꽃과 향기가 심어져
꽃신이라 했을까
봄처럼 피어나라 해서
꽃신일까

우리 아가 예쁜 발에
꽃신 신으니 꽃과 같네

아가야 엄마가 사주신
꼬까 꽃신 신고
하늘 높이 뛰어보자

아가의 꿈도 희망도
저 높은 하늘까지 닿도록
폴짝 뛰어보자

꿈나무

나는 바람과 함께
친구 될 수 있어요

나는 구름과 함께
친구 될 수 있어요

나는 꽃과 함께
친구 될 수 있고,

싱그런 풀잎과도
속삭일 수 있어요

나는 무지갯빛처럼 아름답고
뭉게구름처럼 피어나는
꿈나무거든요

물총놀이

아이는 씻을 땐
물총놀이를 즐긴다

물줄기는 빛을 타며
일직선으로 쏴 하고
바람처럼 날아간다

아이 얼굴 촉촉이 빛나는 물빛
시원스레 쏟아져 나가는 웃음소리

아이는 꿈속에서도
물총 놀이할 거라며
행복한 저녁을 보낸다

아이스크림

아가의 눈빛 아이스크림인가 봐
아가 눈빛 바라다보면
얼었던 마음 사르르 녹아져요

아가의 웃음 아이스크림인가 봐
깔깔깔 웃어주면
근심 걱정 다 녹아져요

아가의 두 볼 아이스크림인가 봐
우윳빛처럼 뽀얘
쪽! 쪽! 아이 달콤해

우산처럼 꿈을 펼쳐요

하늘에서 은구슬
또로록 또로록 내리면
엄마가 사준 알록달록
무지개 우산과 함께
꿈을 펼쳐요

하늘에서 은구슬
뚝뚝 떨어지는 빗방울 내리면
아빠가 사준 예쁜 장화 신고
참방참방 희망과 함께 걸어요

비가 내리는 날
우산 쥐고 희망과 꿈도 쥐고
걸어가는 아가의 작은 발자국
촘촘히 남아 있어요

동그란 우산 속에 속삭이는
아가의 작은 이야기들
또로록 또로록 뚝뚝뚝

내리는 빗소리와 함께
한 걸음 한 걸음
아가의 더 큰 세계를 향해
사뿐사뿐 걸어가요

엄마 흉내 내기

엄마 립스틱은
아가의 그림물감

아가는 엄마처럼
입술에 쓱쓱 그리더니
수염이야! 수염

강아지한테 가더니
탱이야 나 멋있지?
너도 해 줄까?

토요일은 신나는 날

토요일은 신나고 즐거운 날
아가도 어린이집 안 가고
엄마 아빠도 회사 안 가고
아가와 놀아주는 날

신바람 나는 아가는
이리저리 뛰어다니며
아이 좋아라 아이 좋아라!

아빠 등에 올라타
이랴! 말놀이도 하고
강아지 탱이 데리고 캠핑도 가고
아가는 신나서 목소리가 커져요

엄마 아빠 이것 좀 보세요
나 이쁘지?
두 손바닥을 얼굴에 대고
이쁜 얼굴 꽃을 만들기도 하지요

아기 풍선

아가가 가지고 노는 풍선
바람이 가져갔어요
높이높이 하늘 높이
올라갔어요

바람아 그건
아가 풍선이야

바람이 말했어요
하늘 아기 별들 풍선 없다고
아기 별들에게 가져다 준대요

아가가 훅 불고 있는 풍선
바람이 가져갔어요
누구 주나 보았더니
달님에게 주었대요

세발자전거

삐리 릴리 삐리 릴리
음악 소리와 함께
아가는 세발자전거 페달을
힘차게 밟고 달려요

세발자전거는 아가가
안전하게 균형 잡을 수 있도록
세발이 되어 세상을 나아가게 해줘요

아가는
"잘 탈 수 있겠어! 출발"
외침과 함께 작은 언덕도
"영차영차 힘을 내봐"
거뜬히 올라가지요

세발자전거 타는 즐거움에
머리카락 가르마
바람에 휘날리며
두 눈동자는 반짝반짝 빛나지요

세발자전거 작은 페달은
큰 세계로 탐험하며 또 다른
도전하는 재미를 느끼고 있지요

아가, 아가별과 우주여행

아가는 꿈속에서 아가별을 만났어요
둘이는 손잡고 멋진 우주선을 타고
우주여행을 떠나요

높이높이 더 높이 아가와 아가별은
아기별들이 많이 모여 사는
또 다른 아가 별나라에 도착했어요

아기별들은 아가와 아가별을
반갑게 맞이해 주었어요

하나 둘 셋, 신기한 꽃들도 있고
신기한 나무들 그리고 아름다운
새소리도 들려왔어요

쿨쿨 잠자는 아가는 마냥 신이 났어요
엄마가 "아가야" 부르는 소리에 잠이 깼지요
해님도 같이 빵끗 웃고 있지요

엄마 사랑 아가 사랑

이쁜 우리 아가
할머니 말씀 잘 듣고
잘 놀고 있어

제주도 출장 가는
엄마와 현관에서
아가와 나눈 인사말이다

세 살 아가는
"엄마, 차 조심 길 조심하고
사람도 조심하세요
열차 안에서도 조심하세요"

"엄마, 한번 안아주세요"
엄마 품에 폴짝 안기어
애교를 품어내기도 한다

제2부
오솔길 걸어 봐요

오솔길 걸어 봐요

흙냄새 나무 냄새
솔솔 거리는
오솔길 걸어봐요

나뭇잎들 풀잎들
속삭이는 소리
귀 기울여봐요

해님도 일하다가 힘들면
잠시 내려와
오솔길 걸어봐요

다람쥐 무용하고
산새들 노래하고
시냇물 졸졸 소리 나는
오솔길 걸어봐요

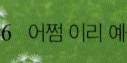

꽃이 피었어요

아주 작은 씨앗 하나 있지요
예쁜 화분에 흙을 담고
마음을 심었지요

정성스레 물을 주었지요
하룻밤 이틀 밤 뾰로롱하고
예쁜 아가 싹 돋아났어요

햇볕이 잘 드는 창가에 두었어요
바람 친구도 날마다 안녕하고 인사해요

어느 날 예쁜 꽃이 피었답니다

봄 피리

청보리 한 줄기 쑥 뽑아
보리피리 만들어 불면은
삘릴리리 삐삐 삘릴리리

청보리밭 위에 나는
종달새도 덩달아
비리 비립종 비리 비립종
봄바람 싣고 온다 피리 불어요

아지랑이는 무슨 피리 부를까
보리피리 종달새 소리 맞춰
아롱아롱 너울너울 춤추면 되지

봄이 오는 소리

가만히 귀 기울여봐요
무슨 소리 들리나
졸졸 시냇물 신바람 나게
흐르는 소리 들려요

가만히 귀 기울여봐요
무슨 소리 들리나
뽀로로 뽀로로 새싹들이
소풍 나오는 소리 들려요

가만히 귀 기울여봐요
무슨 소리 들리나
우리 아가 쑥쑥쑥
키 크는 소리 들려요

가만히 귀 기울여보니
아름다운 소리
봄이 오는 소리 들리지요

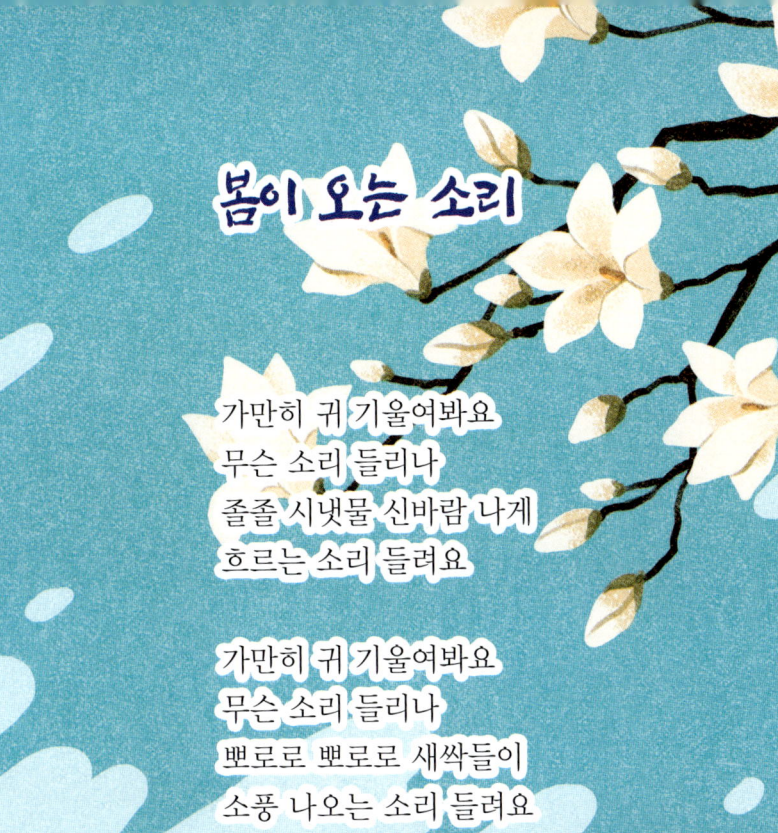

봄 동무들

봄이 왔네, 봄이 왔네
따뜻한 봄이 왔네

노랑나비 흰나비도
나풀나풀 춤추네

동무들아, 모두 모여
봄 소풍 가 보자

개구리도 나오고요
오리도 나왔네

민들레 꽃

노오란 민들레 꽃
삐약삐약 노오란 병아리 닮았네
병아리도 따뜻한 봄에 태어나고
노오란 민들레 꽃도
따뜻한 봄에 피어요

아가가 아장아장 걸어가는
길가에 핀 작고 노오란
꽃들이지요
바람에 흔들려 춤을 추며
작은 꽃씨를 날려 보내네요

노오란 민들레 꽃
작고 조그맣지만
아가가 아장아장 걸을 때
아가발과 입맞춤하는 꽃이지요

아가야
민들레는 용기를 상징해
힘들 때도 꿈을 잃지 않고
씩씩하게 이겨내는 꽃이란다

꿀벌과 채송화

아주 작은 땅꼬마 꽃
채송화에 윙윙윙
꿀벌들이 찾아왔어요

작은 날갯짓하며
아름다운 꽃잎 위에서
꿈결처럼 향기가 퍼지는
꿀을 따는 거래요

땅꼬마 꽃 채송화
꿀벌들 꿀 딸 수 있도록
예쁜 꽃잎 활짝 열어 주지요

윙윙윙 꿀벌들 작고 예쁜
땅꼬마 꽃 채송화에서
소중하고 달콤한
꿀을 따서 날지요

비가 내려요

보슬보슬 가만가만
비가 내려요

예쁜 아가 친구들
참방참방참방
비 오는 길을 걸어요

후드득 후드득 비가 내려요
빨강 파랑 노랑 우산도 쓰지요

주르륵 주르륵 비가 내리면
예쁜 장화 신고
참방참방 길을 걸어요

거리의 나무들 안녕 안녕 안녕
꽃밭 꽃들도 랄랄라
춤을 추며 노래해요

보슬보슬 보슬
후드득 후드득
주룩주룩주룩

비가 내리면 아가 친구들 마음
알록달록 일곱 빛깔 고운 무지개
야호!

빗방울 물 방울꽃

사르락 사르락 똑똑
우산 위에 빗방울이 떨어져요

빗방울 떨어지니 아이 발밑
작은 고랑 생겨
빗방울 물 방울꽃이
동글동글 피어나지요

나뭇잎에도 풀잎에도
똑똑 떨어지는
빗방울의 속삭임
사랑해 사랑해 사랑해

빗방울 은구슬 그리고 아가

할머니 우산에서 또르르 은구슬
나뭇잎에서도 또르르 은구슬

은구슬 어디로 굴러가나
아가 발밑에 모두 모였네

아가 손바닥만 한 작은 웅덩이
아가는 첨벙첨벙 아이 좋아라

아가가 폴짝 뛰어보니
아가 엉덩이 무거워

제자리걸음만 뱅뱅
아가 마음만 하늘 닿겠네

후드득 빗방울

후드득후드득
빗방울이 떨어져요
후드득 빗방울 노랫소리
꽃잎들은 좋아라 춤추고,

놀이터 산책 나온
할머니와 손주는
손바닥으로 비를 막으며
후다닥후다닥 뛰어가요

푸드득푸드득
비둘기들도 덩달아
보금자리로 날아가는
후드득 톡톡 빗방울 소리!

아가와 나뭇잎 그리고 해

또랑또랑 아가 눈망울
투명한 수정 같아요

또로록 또로록 나뭇잎에
물방울 은구슬 같지요

반짝반짝 빛나는 둥근 해님은
포동포동 아가 볼에
입맞춤하지요

여름

첨벙첨벙 어푸어푸
물놀이하기 좋은 계절
여름이 좋아요

과수원 과일들도
햇볕 쨍쨍한
여름이 좋대요

맴맴 매미들도
더운 여름 좋아한대요

아가도 무지개 피어오르는
여름이 좋대요

포도송이

청포도 알 송알송알
초록 구슬 닮았네

햇살과 쪽 입 맞추고
반짝반짝 빛나는
밤하늘 아기별 닮았네

푸른 물결 빛나는 작은 보석
알알이 영글어 가는 것처럼,

아이의 꿈도 포도송이처럼
알알이 영글어 가지요

비눗방울 놀이

두둥실 둥둥 무지개 옷 입고서
동글동글 날아올라라

해님처럼 두리둥실 떠올라라
깔깔깔 웃는 아가 얼굴
행복 가득하네

쟁반 같은 달처럼 떠올라라
방긋방긋 하늘 높이 떠올라라

아가는 마술사처럼 훅훅 불때마다
비눗방울 줄줄이 따라오네

엄마 비눗방울, 아가 비눗방울
꽃밭에 살며시 앉더니 사라지네

비눗방울 놀이-2

비눗방울 속에 일곱 색깔 고운 무지개
두둥실 춤을 추며 아이의 꿈처럼
높이높이 하늘을 날아올라요
아이는 막대 하나 추켜들고
마술사처럼 훅훅 불면
엄마 아빠 아가 비눗방울
멋진 세계를 향해 날아가요
아가는 비눗방울 놀이 신기해하며
아가의 순수한 마음처럼 큰 행복을 느껴요
고사리 같은 작은 손으로
비눗방울 하나둘 잡아 보며
아이의 꿈을 키워 가요

비눗방울 무지개

훅훅훅 동글동글 예쁜 무지개
사뿐사뿐 아가 머리 위에
앉았다가 사르르 사르르

훅훅훅 살랑살랑 비눗방울 무지개
방울방울 비눗방울 속에
해님 얼굴 반짝반짝
아가 얼굴 방글방글

훅훅훅 무지갯빛 비눗방울
살랑살랑 바람 타고 마음대로 춤추다
하늘 높이 날아가는 비눗방울 무지개

비눗방울 놀이 재미나지요

싱그러운 나무들보다
더 높이 날아올라라
푸른 하늘 닿도록 날아올라라

날아라 날아라
높이높이 날아올라라

알록달록 무지개 방울들
아가들 꿈을 싣고
높이높이 잘도 날아오르네

어린이집 친구들
사랑이 행복이 희망이
모두 모두 신나는 비눗 방울 놀이

함박웃음 가득
까르르까르르 깔깔
이리 뛰고 저리 뛰고,

사랑이네 강아지도
이리 뱅뱅 저리 뱅글
엄마들의 애타는 마음
집에는 언제 갈 거야

저 너머에는 누가 살까

저 너머에는 누가 살길래
이렇게 따뜻한 바람이 불어올까

아름다운 선녀님의 입김일까
꽃과 나비가 춤추는 꽃동산 바람일까

아가야 우리 손잡고 함께 가보자
들을 지나 시냇물 건너
깡충깡충 가보니 아지랑이 스멀스멀

꽃처럼 피어오르는
봄 동산 꿈 동산에서
불어오는 행복 바람이래요

이슬 꽃

초롱초롱 빛나는 아기별
아가 코 잠든 사이
풀잎에 이슬 꽃
심어놓고 갔나 봐

풀잎마다 수정처럼
대롱대롱 피었네

해님 방긋 찾아오니
물방울 이슬 꽃은
아이 부끄러워하며
바람 속으로 숨어 버렸어요

꽃과 나비

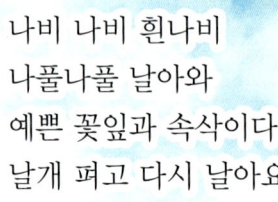

나비 나비 흰나비
나풀나풀 날아와
예쁜 꽃잎과 속삭이다
날개 펴고 다시 날아요

나비 나비 노랑나비
사뿐사뿐 부채춤추듯 날아와
노랑 꽃송이에 앉아
입 맞추고 다시 날아요

나비 나비 호랑나비
팔랑팔랑 날아와
꽃밭에 고운 소식 전해 주고
훨훨훨 다시 날아요

나비 나비 꽃나비
천사 같은 날개에
반짝반짝 빛나는
아기 별님, 달님 태워
아가에게 온대요

나비야 나비야

나비야 나비야
고운 날개 달고
어디서 날아왔니?

나풀나풀 날아와서
꽃밭에 앉을까 말까
망설이다가 또 어디론가
날아가는 나비야

노랑나비 흰나비
춤을 추며 온 것은

아마도 아가에게
꿈과 희망을 전하러
맴돌고 있나 보다

나비야 이리 와

나비야 나비야
너도 엄마 아빠가 회사 갔어?

여기는 나랑 내 친구들
함께 노는 어린이집이야

너는 왜 혼자 날아다녀?
친구가 없어 여기까지
혼자 날아왔어?

그럼, 우리 어린이집 앞
꽃밭에서 놀고 있어
나비 친구들이 올 거야

아가의 나비 세상

엇, 아가야
나비다 훨훨 나비
춤추는 나비

하얀 날개 팔랑팔랑
꽃밭에 앉을까 말까
그냥 날아가네

아가야
나비 어디 갔어?
엄마 아빠한테 갔쪄

엄마 아빠 나비
어디 갔는데?
엄마 아빠 나비
회사 갔쪄요

아기 오리와 노랑나비

조그만 예쁜 호숫가 털 보송보송
아기 오리 한 마리
헤엄치며 놀고 있어요
참방참방 텀벙텀벙

살랑살랑 봄바람에 찾아온
노랑나비 한 마리

아기 오리야 아기 오리야
너도 날개가 있구나
나랑 같이 푸른 하늘을 날아 보자

아기 오리는 노랑나비에게
내 날개는 너처럼 날 수가 없단다

노랑나비는 아기 오리에게
내가 도와줄게 자!
내 날개를 꽉 붙잡아 봐
윙윙윙윙

아기 오리는 엉덩이가 무거워
물속으로 풍덩 빠지고 말았어요
아기 오리 살려
꽥꽥꽥꽥

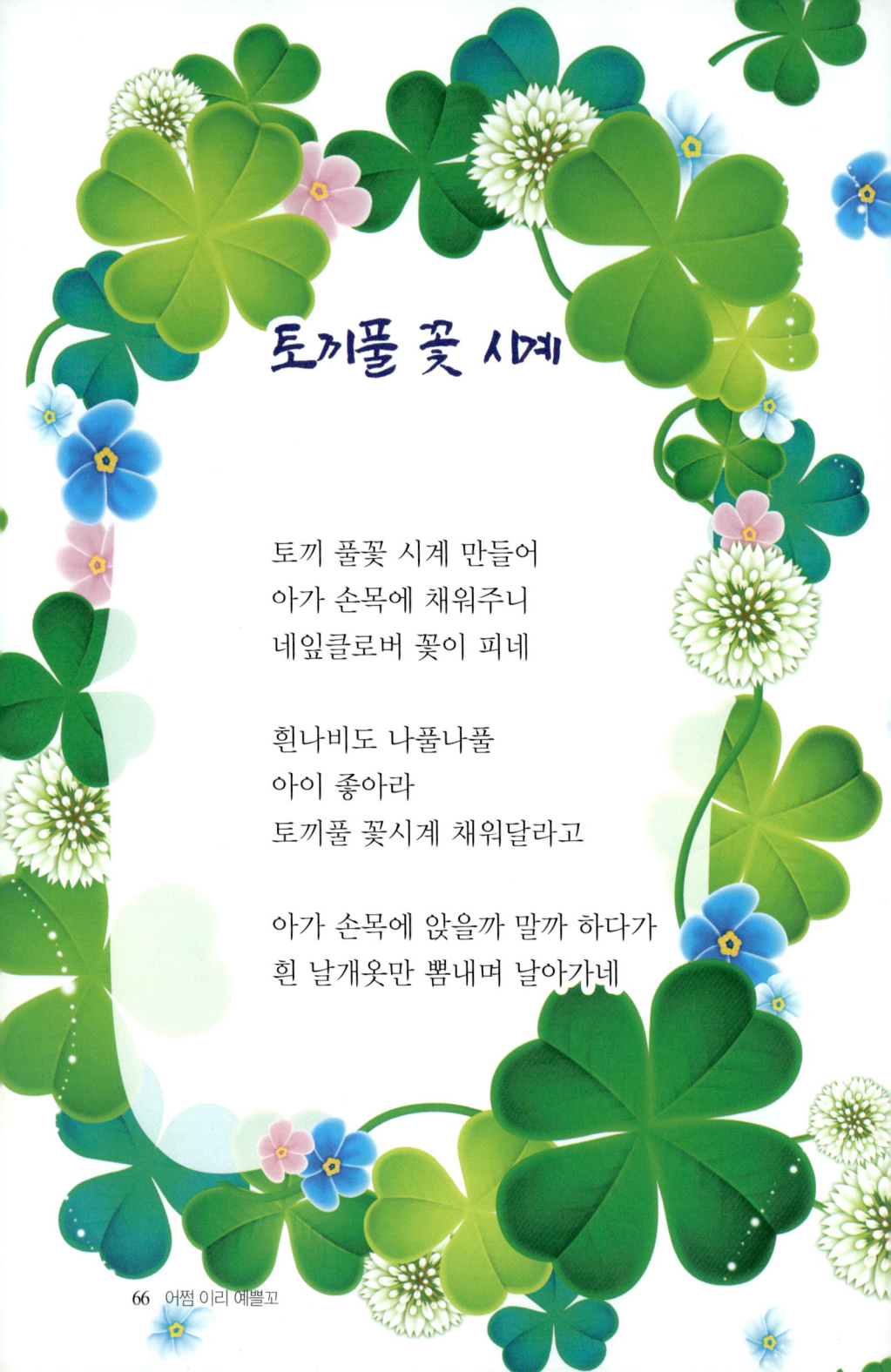

토끼풀 꽃 시계

토끼 풀꽃 시계 만들어
아가 손목에 채워주니
네잎클로버 꽃이 피네

흰나비도 나풀나풀
아이 좋아라
토끼풀 꽃시계 채워달라고

아가 손목에 앉을까 말까 하다가
흰 날개옷만 뽐내며 날아가네

해바라기

하늘에 반짝이는 해님을 향해
힘차게 뻗은 줄기들
해바라기야!
햇살을 받아 아가들에게
희망을 주려무나

저 멀리 햇살 따라
키다리 아저씨처럼
키가 큰 해바라기 꽃

해바라기야!
너의 활짝 웃는 꽃잎은
아가들을 빛나게 하고,

아가들이 걸어가는 길에
어둡지 않게
반짝반짝 비춰 주려무나

오리 가족 서열 지키기

엉덩이 쭉 빼 들고
꼬랑지 살랑살랑
뒤뚱뒤뚱 오리걸음

누가 누가 더 빨리 걷나
엄마 오리 꽥꽥꽥
구령 맞춰 앞서거니 뒤서거니

뒤뚱뒤뚱 오리 가족
아무리 빨리 걸어도
일등은 항상 엄마 오리랍니다

병아리

조그마한 병아리
엄마 닭 보고 싶어
삐약삐약 삐약삐약

엄마 닭도 내 새끼
병아리 어디 갔냐고
꼬오 꼬꼬꼬

삐약삐약 병아리
엄마 나 여기 있어요
학교 앞에 있어요

올챙이와 엄마 개구리

엄마 개구리 아가는
올챙이래요

올챙이는 연못 속이
엄마 품인 줄 아나 봐

옹기종기 꼬물꼬물
포도송이처럼 생겼네

해님이 반짝반짝 비춰주면

뒷다리가 쏘옥
앞다리가 쏘옥
엄마 개구리 닮았네

아기 오리와 아기 청개구리

작은 연못 속 노오란 옷 입은
아기 오리 첨벙첨벙
헤엄치며 놀고 있어요

조금 있으니 후드득후드득
빗방울이 떨어져요

아기 오리 꽥꽥 꽥꽥
그때 아기 청개구리 나타나
아기 오리야 걱정 마

연못에 커다란 우산이 있어!
나처럼 해봐 하고 폴짝 뛰어
연잎 위로 올라앉았어요

예쁜 청개구리

예쁜 연두 꼬까옷 입고
폴짝폴짝 개굴개굴
왕방울만 한 두 눈을
껌뻑껌뻑 개굴개굴

아가 청개구리 등에 업고
나들이 나왔나 봐
자, 아가 청개구리야
엄마가 너를 업고
징검다리 풀잎을 건너 갈 거야

엄마 등에서 떨어지지 않게
꼬옥 붙어 있어야 해
아기 청개구리는 엄마 등에
꼬옥 붙어 딱정벌레 되었네

개구리 알 사탕

개구리야 개구리야
너의 입안에 알 사탕
들어 있는 거야?

몰래 훔쳐 먹다가
목에 걸렸나 보다

그래, 깜짝 놀라서
눈이 휘둥그레졌나 보구나

아가랑 동물들의 여행

장난감 기차가 칙칙폭폭 떠나요
아가와 아가 동물들을 차례차례 태우고
즐거운 여행을 떠나요

예쁜 새들도 나뭇가지에 앉아
아름다운 목소리로 노래해 주고

가다가 아기 토끼 만나 태우고
아기 다람쥐 만나 태우고
아기 사슴 만나 태워요

앗! 아기 사슴아 고개 숙여
너의 뿔이 나뭇가지에 걸릴 것 같아
아기 동물들 손뼉 치며 좋아라 랄랄라

힘센 아기호랑이도 어흥하면서
아가와 아가 동물 친구들이
자연의 아름다움을 함께 나눌 수 있는
행복한 여행을 떠나요

닮은 꼴

푸른 벌판 아기 염소
풀 뜯으며 음매에
엄마 소와 송아지도
음매 음매 풀 뜯네

뒤뚱뒤뚱 아기 오리
엄마 따라 꽥꽥꽥
삐약삐약 병아리는
엄마 찾아 뒤뚱뒤뚱

사자와 호랑이는
누가 누가 힘세나
서로가 힘세다고
어흥 어흥 거리네

제4부
눈 꽃송이가 내리면

아가와 비둘기

우리 아가 아장아장
비둘기 걸음도 아장아장
아가 걸음 닮았네

비둘기야 나랑 친구 하자
비둘기는 아가랑
얼음 놀이 하나 봐

가까이 다가가니
푸드덕 날아가네

우리 아가 깜짝 놀라
그 자리에 얼음 땡!

잠자리채

아빠가 사준 잠자리채 어깨 메고
산들산들 바람 부는 들로 나가자

잠자리 콩콩 풀밭에 앉았다
아가가 살금살금 다가가니
금세 알아채고 윙윙 날아가네

잠자리 콩콩 꽃밭에 앉았다
아가가 살금살금 다가가니
또 윙윙 날아가네

아가는 그만 울상이 되어
"으앙"하고 울보가 되었다네

도토리

길쭉한 도토리 한 알
나무에서 톡 하고 떨어졌어요
다람쥐는 토끼가 먹을까 봐
얼른 주워서 나무 밑에 숨겨 두어요
동그란 도토리 두 알
나무에서 톡톡하고 떨어졌어요
토끼는 다람쥐랑 소풍 갈 때
가져가려 동굴 속에 묻어 두어요
모자 쓴 도토리 세 알
나무에서 톡톡톡 하고 떨어져 떼구루루 굴러
다람쥐와 토끼 앞에 멈췄어요
다람쥐와 토끼는 이걸 어떻게 먹지?

가을 햇살

알록달록 때때옷 입은 나뭇잎이
바람에 살랑살랑 춤을 추고

아이는 따뜻한 가을 햇살 따라서
신나는 놀이터로 달려가요

가을 햇살과 맑은 공기는
아이가 쑥쑥 커나가는
상큼한 친구가 되지요

아이는 예쁜 나뭇잎 하나 줍더니
"바람아 선물이야, 이거 가져"

가을 햇살 아이에게
희망과 기쁨을 전해주고,

아이의 따뜻한 마음은
세상의 환한 빛이 되어
행복한 시간을 만들어 가요

바람은 심술쟁이

바람은 심술쟁이인가 봐
나뭇잎이 데굴데굴

아가가 잡으려고 달려가면
저만큼 데려가고
아가가 멈추면 나뭇잎도 멈추고,

아가가 잡으러 가면
또 저만큼 데려가지요

바람 바람은 아가 놀리는
심술쟁이인가 봐

바람의 속삭임

찬 바람이 쌩쌩 불어
아가 두 볼을 빨갛게 색칠했네

아가는 고사리 같은 작은 손으로
바람에 흔들리는 나뭇가지 잡아 말한다

바람아 멈춰
바람아 불지 마
바람은 아가에게 속삭인다

곧 따뜻한 바람이 불어올 거야
조금만 참아줘

겨울방학

야호!
신나는 겨울방학이다

해님이 창문에 놀러 올 때까지
잠을 자도 괜찮아요

아침밥 조금 늦게
먹어도 괜찮아요

편한 옷차림으로 할머니랑
노는 게 더 재미있어요
할머니는 내 마음 잘 아시거든요

아가는 방학이 신났는지
자꾸만 몇 밤이나
남았냐고 물어요

한 밤 두 밤 세 밤...
이렇게 열 밤이나 잘 때까지
어린이집 안 가도 된대요

야! 신난다
할머니랑 레이저발사
놀이하고 놀아요

봄 여름 가을 겨울바람

보송보송 노란 병아리 털
살랑거리는 봄바람

아가 이마에 흐르는
땀을 식혀주는 시원한 여름바람

아가 마음 무지갯빛처럼
곱게 물들인 가을바람

흰 눈 쌓인 겨울
동화 나라에 꿈을 싣고 갈
겨울바람

아이 마음 난로

아이는 참 이쁘다
아이의 마음 더 이쁘다

엄마는 아이에게 야단쳤다
엄마는 속상했다

아이는 엉덩이를 씰룩 샐룩
춤을 추었다
엄마는 이내 웃고 말았다

웃는 엄마에게 아가는 다가와
"엄마 이제 마음이 녹았어요?"

"응 그래,
엄마 마음 녹이느라 춤추었어?"

"네,
엄마 마음 얼음 같아서 참 추웠어요"

달님은 마법사

달님은 아마도 마법사인가 봐

아침에 어린이집 갈 때는
내 눈썹 닮았더니

할머니 손잡고 집에 돌아올 때는
반달 되어 나랑 할머니도 태우고

저녁에 엄마 아빠 품에 안길 때는
쟁반 같은 커다란 둥근달 되지요

달님은 마법사-2

달님은 마법사인가 봐
넓다는 하늘 운동장에
구름과 같이 공놀이하더니
맑은 호수에 떠서
출렁출렁 춤을 추기도 하고
나뭇가지 꼭대기에 걸터앉아
환하게 웃어주기도 하고
아가의 맑은 눈동자에 꿈을
키우기도 하지요

겨울은

찬 바람이 세차게 불어오는
겨울과 함께 피는 꽃은
눈 꽃송이지요

겨울은 대지를 꽁꽁
얼어붙게도 하지만
우리들을 꿋꿋하게
만들어 내는 계절이기도 하지요

차가운 공기가 몸을
아이 추워하게 만들지만
엄마 아빠의 따뜻한 사랑이
추위를 녹여줘요

겨울바람 꽁꽁 불어도
하얀 눈이 내리면 아가는
모두 함께 손잡고 발자국을
남기며 추억을 만들어요

겨울나무

나무야 나무야 겨울나무야
외롭지 않니
너 외로울까 봐 아기 참새들
나뭇가지에 모여 앉아
재잘재잘 노래한단다

나무야 나무야 겨울나무야
춥지는 않니
너 추울까 봐 하늘 선녀님들이
눈꽃 이불을 덮어 주지 않니

나무야 나무야 겨울나무야
네 뿌리는 얼어붙은 땅에도
잘 견딜 수 있는 힘을 가지고 있어
우리의 힘이 되고 있단다

추워도 괜찮아요

바람 쌩쌩 불고 아가 입에서는
입김이 꽃처럼 피어올라요

몸을 떨게 하는 바람에도
하늘에서는 하얀 은빛 꽃가루가
춤을 추며 내려오고

추위에 떨면서도 나무들은
봄에 돋아날 새싹들을 품느라
잠자고 있나 봐요

몸을 덜덜 추위에 떨게 하지만
겨울은 아름다운 계절

차가운 기운이 땅 위를 휘젓고 있지만
봄의 기운을 기다리는 중이래요

눈 꽃송이가 내리면

하늘에서 예쁜 하얀 눈꽃송이가 내리면
온 세상이 아름다운 하얀 나라 되지요

하얀 눈 꽃송이가 바람 타고 날아오는 날
아가는 아이 좋아라
강아지 탱이랑 밖에 나가 뛰놀 거예요

하얀 눈 꽃송이가 아가 입에
살짝 입맞춤하면 아이스크림처럼
사르르 녹겠지요

꼬마 눈사람

하얀 눈 위에
할머니 발자국 소리
뽀드득뽀드득

하얀 눈 위에
아가 발자국 소리도
뽀드득뽀드득

할머니는 손 호호 불어가며
꼬마 눈사람 만들었지요

아가는 장난기가 발동하여
눈사람을 망가뜨리고
깔깔깔 웃고 있네요

할머니 얼굴 웃을까 울까
눈사람 닮은 눈처럼
왕방울 눈이 되었대요

연

곧게 뻗은 대나무 살살 깎아
연살을 만들어 연을 날려보자

태극연 가오리연 방패연
바람 타고 높이높이 멀리멀리
날아올라라

하늘에서는 눈꽃연 날려주고
아이는 태극연에 꿈과 희망 실어
장군연 가오리연 방패연 이끌며
높이 멀리 여행 가네

제5부
할머니와 아가의 여행

할머니와 아가의 여행

흰 눈 쌓인 숲 속 나라로
여행을 떠나요

나뭇가지마다 흰 눈꽃 송이가
방긋방긋 웃음 머금고

아기 다람쥐는 숨겨놓은
도토리 찾아 오물오물

바람이 쌩쌩 불어오지만
아이는 할머니 손 꼭 잡아 따뜻해요

숲 속 나라에는 여러 아기동물이
우리를 반겨주어요

초롱초롱 빛나는 아가 눈에
행복이 담겨 있어요

할머니 옛이야기 들으며
한 걸음 한 걸음 걸을 때마다
얼마나 소중한 꿈을 만들어 가는지

아이의 행복하고 아름다운
세상을 펼쳐가고 있어요

손주는 꾸러기 이쁜 꾸러기

내 손주는 개구쟁이
꾸러기 장난꾸러기
어찌나 장난을 좋아하는지

날마다 좋은 날
뒹굴고 뛰놀고
깔깔깔 까르르

할머니 주름진 얼굴
펴주는 특효약
손주 웃음 까르르

걸음마

아장아장 걷는 아가
이쁘기도 하여라

복사꽃이 이쁘다 한들
아가처럼 이쁠쏘냐

어화둥둥 내 사랑
우리 아가 새싹처럼
무럭무럭 자라다오

할머니의 자장가

토닥 토닥 어부 바
할머니 등에 업혀

우리 아가 자장 자장
잘도 잔다 잘도 잔다

할머니 따뜻한 음성
부드러운 숨결

토닥토닥 사랑 노래
포근하게 귀에 맴돌고

귀뚜라미도 귀뚤귀뚤
스르르 잠이 드네

달맞이꽃

노랑 저고리 입고
때때 신발 신고
아장아장 걷는 아가
어딜 가시나

초롱초롱 빛나는
아가별이 온다기에
달맞이꽃 꽃등 들고
아기별 만나러 가지

노랑 저고리 입고
때때 신발 신고
아장아장 걷는 아가
어딜 가시나

밤하늘 아기별 하얀 꽃잎에
아름다운 꿈 담아 싣고
온다기에 아기별 마중 나왔지

무지개

알록달록 일곱 빛깔
고운 무지개

하늘에서 아기 천사
타고 내려온 자동차야

아가는 무지개 잡으러
다가가지만
무지개는 자꾸 도망가

아가와 해바라기 꽃

아가가 환하게 웃으니
해바라기 꽃 닮았네
해바라기 꽃 활짝 피니
해님 닮았네

해바라기 큰 꽃잎
하나하나 해님처럼
방실방실 미소 짓네

우리 아가 웃기만 하지 말고
해바라기하고 키 재어보자
누가누가 더 크나
해바라기가 더 크다

우리 아가 맘마
많이 먹어야겠네

아가의 웃음

뒹굴뒹굴 데굴데굴
까르르 우리 아가
재밌기도 하여라

폴짝폴짝 뛰어가다
넘어져도 까르르

할미랑 손잡고
어화둥둥 놀아보세

아장아장 걷는 아가
쿵 하고 넘어졌네

아이코! 아프겠네
할미가 호 해줄게
이리 와 "호"

툴툴 털고 일어나서
다시 웃네 까르르

호

할머니 아파요
'호' 해주세요

엄마 아빠
'호' 해주세요

아가는 손을
'호' 해달라고 내민다
이리와 '호' 해줄께

오늘은 할머니랑
어린이집 가는 날

아침 해님이 방긋
창가에 마중 나오면
아가는 눈 비비고 일어나지요

오늘은 할머니랑
어린이집 가는 날
할머니 손 꼬옥 잡고
아장아장 잘도 걷는다

놀이터 새끼 참새들도
벌써 나왔네

참새들아 안녕?
친구들도 안녕?
선생님도 안녕?

아가야 얼른 가자 늦었다

아가 발에 양말 한 짝 끼우면
저만치 도망가고

또 한쪽 발 신기고 바지 입히면
또 도망가고

로션 바르고 옷매무새 잡으려면
자꾸만 또 도망가고

할머니 얼굴 환한 해님 닮았다가
삐둘이 빼둘이 오이 닮았다

아가야, 어린이집 선생님이 기다리신다
얼른 가자 늦었다

어린이집 안 갈래

엄마 회사 가지 마
엄마 보고 싶어
싫어 싫어 엄마랑 놀래

할머니 학원 가지 마
난 할머니랑 노는 게 더 좋아

네 살 된 아이 눈에
수정 같은 은구슬이
끝없이 쏟아진다

할미가 업고 갈까?
자 어부 바
할머니 걸음 뒤뚱뒤뚱 오리걸음

아이의 하원 길
손에 장난감 뿅 망치
즐거워하는 아이
할머니 이것 봐 멋지지?

아가가 좋아하는 깍두기 반찬

커다란 무 하나 싹둑 잘라
바둑판 모양으로 네모나게 썰어서
우리 아가 좋아하는 깍두기 담그자

아기 입 한 입 크기
잘게 잘게 송송 자르자

아가는 아직 어려서
고추는 매워 아이 후 아해

고춧가루 대신 빨간 파프리카
잘 익은 빨간 토마토 갈아서
고춧가루 흉내 내보자

쓱쓱 싹싹 조물조물
할머니의 정성으로
뚝딱 만들어진 깍두기 반찬
우리 손주 잘 먹겠네

할머니의 육아일기

엄마의 출산 휴가가 끝나고
아가는 생후 10개월 때부터
22개월 동안 다니던 어린이집을
새로운 곳으로 옮기게 되었어요
우리 아가는 현재 32개월
친구들과 익숙해져 있어요

할머니는 아가가
새로운 어린이집에서
잘 적응할 수 있을까?
자꾸만 커지는 걱정에
마음이 아파요

마침 아가는 분무기 물 뿌리는
놀이를 신나게 하고 있어요
아가는 할머니 모습을 보더니
"할머니 기분이 왜 그래요?"
걱정스러운 표정으로 묻는 말에
눈물이 주르륵 흘러나왔어요

아가는 할머니 눈물 보더니
"할머니 내가 더 눈물 많이
흐르게 해 줄게"
할머니 얼굴에 분무기 물을
뿡야뿡야 뿌려요
"할머니 눈물이 더 많이 흘러요"
그만 할머니는 웃음을
터트리고 말았어요

우리 아가 기특하게도
이제 새로운 어린이집에서도
잘 적응하고 있어서
새로운 친구와 선생님
아주아주 좋대요

아가의 결혼

아가야, 아가는 커서
누구랑 결혼할 거야?

"아빠 엄마랑 결혼할 거야"

"아가는 결혼이 뭔지 알아?"

"응, 손잡고 즐거운
노래 부르는 거야"

할머니는 장모님

"장모님 오늘도 수고 많으셨어요
장모님 얼른 조심히 들어가세요"

손주가 할미인 내게 하는 인사

세 살 아가는 아빠 말 따라 하며
할머니에게 장모님이라고 부르며
행복한 익살을 품어낸다

할머니는
"우리 강아지 사랑해 내일 또 만나자"

하루를 손주와 함께 무탈하게 지내는 걸
감사하는 마음으로 따뜻한 배웅받으며
현관문 나선다

꿈이 있어 걸어보자

호수처럼 맑은 눈동자
초롱초롱 별처럼 반짝이는 눈망울
영원토록 빛날 수 있게 지켜줄게

네 곁에 우리가 있어
마음 놓고 씩씩하게 걸어가 봐
가다 보면 넘어지고 지칠 때도 있겠지만

다시 툴툴 털고 일어나
반짝이는 웃음 다시 웃어줘

하늘에 끝없이 펼쳐진
하얀 뭉게구름처럼
피어나는 꿈과 희망이 있지 않니

꿈을 향하여 앞으로 앞으로
힘차게 걸어가 보자
우리 친구들 모두 파이팅!

꿈

시냇물에 퐁당 발 담그고
푸른 하늘을 바라보아요

새들의 아름다운 노랫소리 들으며
바람 소리 느껴 보아요

나비도 나풀나풀 내 어깨에
살포시 앉았다 날아가요

날아라 새들아 높게 높게 날아라
꽃들아 피어라 활짝 피어라

꽃들이 피어나듯이
아이들의 꿈도 피어나지요

아이들의 꿈도 희망도
저 넓은 세계를 향하여
높이높이 더 멀리 날아가요

| 작품해설 |

손주의 모습에 비친 세상 이야기

– 박정민 동시집 『어쩜 이리 예쁠꼬』

김 전
(시인, 문학평론가)

박정민 시인은 「열린 동해문학」에서 동시 부문과 「월간 국보문학」에서 시 부문으로 등단한 작가다. 그의 작품 활동은 열정적이다. 개성적인 감각으로 순수한 상상력을 형상화하여 좋은 작품 창작하고 있다. 이번에 출간하는 동시집은 손주를 바라보는 할머니의 마음을 담고 있다.

동시집 『어쩜 이리 예쁠꼬』 속에는 손주에 대한 할머니의 사랑이 듬뿍 담겨 있다. 모든 할머니는 말한다. '내 자식 기를 때는 몰랐는데, 손주는 왜? 이렇게도 귀여울까?'

정말 나이가 들어가니 길가에 노는 아이만 봐도 귀여워 가던 길을 멈추게 된다. 요즈음같이 어린애가 귀할 때는 더욱 어린이의 가치가 올라간다.

작가 박정민은 손주와 지내면서 순간순간 그 귀여운 모습을 동영상 촬영 모드로 돌려놓고, 일거수일투족을 관찰하고 있다. 작가의 눈에 비친 귀여운 손주 모습이 독자의 눈에도 똑같이 귀엽다. 입가에 빙그레

웃음을 머금고 이 작품을 읽어 내려갔다.

작품 한편 한편에 귀엽고 앙증맞은 손주의 모습이 들어있다. 시집을 읽으면서 재미에 쏙 빠져들었다. 다 읽고 난 뒤 책을 덮고도 여운이 남는 작품이다. 짧지만 공감대가 형성되면서 그 속에 손주 사랑의 메시지가 강하게 흐르는 글이 바로 박정민 작가가 출간하는 『어쩜 이리 예쁠꼬』일 것이다.

이 시집은 총 5부로 구성돼 있다. 1부는 어쩜 이리 예쁠꼬, 2부는 오솔길 걸어봐요, 3부는 나비야 이리 와, 4부는 눈 꽃송이가 내리면, 5부는 할머니와 아가의 여행이며, 총 90편의 작품이 실려 있다.

출간을 진심으로 축하하며 많은 독자에게 사랑받는 시집으로 될 것이라 믿는다.

1. 동시는 어떻게 쓸 것인가?

이 세상에서 가장 순수한 것은 무엇일까? 그에 대한 답은 때 묻지 않은 어린이라 말할 수 있을 것이다.

아름다운 세상에서 아름다운 마음으로 살아가는 모습을 동시에 담는다. 천진난만한 어린이에게 무한한 상상력을 키워 주고, 아름다운 자연 속에서 힘차게 뛰어놀 수 있는 환경을 제시하는 것이 동시다.

동시란 넓은 의미에서 어린이가 감상하기 좋은 시를 가리켜 붙인 이름이다. 어린이가 즐길 수 있는 시를 어른이 동시라는 이름으로 썼다. 이는 어른의 마음속에 남아있는 어린이의 세계다.

동시도 시이기에 시에서 요구하는 요건을 두루 갖춰야 한다. 단지 독자가 어린이라는 관점에서 써야 한다. 물론 독자는 어린이와 어른, 모두 포함된다.

1) 짧고 간결해야 한다. 간단하고 명확한 표현으로 어린이가 쉽게 이해할 수 있어야 한다.
2) 리듬과 운율이 있는 작품이어야 한다. 따라서 운율 있는 작품은 낭독하기 좋다. 반복적인 구조와 유사한 음절로 동시를 쓰면 효과적이다.
3) 시는 감정을 전달하는 것이므로 어린이가 공감할 수 있는 감정이나 환경을 담아내면 훌륭한 동시가 될 것이다.
4) 비유를 통하여 이미지를 명확하게 나타내고, 체험과 상상력을 통하여 어린이가 쉽게 이해할 수 있도록 해야 한다.
5) 작가의 의도를 쉽게 이해하도록, 주제의 명료성이 필요하다. 또 어린이의 경험과 맞닿으면 공감대를 이룰 수 있는 작품이 된다.

2. 어린이 눈에 비쳐진 세상 이야기

노오란 민들레 꽃
삐약삐약 노오란 병아리 닮았네
병아리도 따뜻한 봄에 태어나고
노오란 민들레 꽃도
따뜻한 봄에 피어요

아가가 아장아장 걸어가는
길가에 핀 작고 노오란
꽃들이지요

바람에 흔들려 춤을 추며
작은 꽃씨를 날려 보내네요

노오란 민들레 꽃
작고 조그맣지만
아가가 아장아장 걸을 때
아가발과 입맞춤하는 꽃이지요

아가야
민들레는 용기를 상징해
힘들 때도 꿈을 잃지 않고
씩씩하게 이겨내는 꽃이란다

「민들레 꽃」 전문

  민들레꽃을 병아리로 비유하고 있다. 노란 민들레에서 노란 병아리를 연상하게 되며, 노란 병아리에서 아가를 나타내고 있다. 계절적인 배경은 봄이다. 봄은 만물이 소생하는 것을 상징한다.

  민들레는 뿌리, 잎, 꽃 등 모든 부분을 약재로 사용할 수 있는 귀한 식물이다. 민들레의 꽃말이 '감사하는 마음'인 것과 상통한다. 이런 귀한 식물이니 우리 인간은 민들레를 감사하는 마음으로 바라봐야 할 것이다.

  작가는 흔히 볼 수 있는 이 민들레를 아기와 동급에 올려놓고 아기에게 민들레의 용기를 배우게 하려는 의도가 보인다. 또 민들레는 봄을 상징한다. 봄이 되어 아지랑이가 찾아오면 노란 병아리가 종 종 종 엄마를 따라가는 모습을 볼 수 있다.

병아리와 민들레를 하나로 보는 것도 독창적이다. 민들레는 봄에 피고, 병아리 또한 봄에 태어나니, 병아리와 민들레는 닮은 점이 많다.

이 글은 간결하게 쓰였고, 쉬운 구성으로 되어있어 읽기에 무리가 없다. 내용 전달도 분명하다. 이런 작품이 좋은 동시다.

민들레처럼 감사하며 살아가는 어린이가 됐으면 좋겠다. 는 작가의 의도가 숨겨져 있다.

민들레처럼 꿈을 잃지 않는 씩씩한 어린이가 이 땅에 가득 찼으면 한다.

엄마 닭이 병아리를 사랑하는 마음에서 모성애를 배울 수 있다. 사람이나 동물이나 '엄마'라는 말만 들어도 가슴이 뭉클해진다.

이 작품에는 교훈적인 메시지가 가득 담겨 있다. 많은 어린이가 읽고 본받는다면 더욱 바랄 것이 없다.

뒹굴뒹굴 데굴데굴
까르르 우리 아가
재밌기도 하여라

폴짝폴짝 뛰어가다
넘어져도 까르르

할미랑 손잡고
어화둥둥 놀아보세

아장아장 걷는 아가
쿵 하고 넘어졌네

아이코! 아프겠네
할미가 호 해줄게
이리 와 "호"

툴툴 털고 일어나서
다시 웃네 까르르

「아가의 웃음」 전문

「아가의 웃음」에서 리듬감이 살아있다. 작품 전체에 생동감이 넘친다. 겨우 걸음마하는 아기가 뒤뚱뒤뚱 걸어가는 모습이 눈에 보인다. 넘어지고, 또 일어나서 뛰어가다가 '쿵' 하고 넘어져도 까르르 웃는다. 순진 난만함이 묻어 있다.

'뒹굴뒹굴', '데굴데굴', '폴짝폴짝' 등 의태법을 사용하여 시의 역동적 이미지를 나타낸다.

아가의 모습이 회화적이다. 아가의 경험을 직접 보고 만들어진 작품이다. 독자는 손주 손녀의 이런 모습에 공감하며 사랑스러운 마음이 우러날 것이다.

아기는 넘어지고 일어서고, 일어서고 넘어지면서 세상을 배우게 되는 것이다. 뒤뚱거리며 첫걸음 떼는 손주의 손을 잡은 할머니의 손에는 기쁨과 사랑이 넘쳐흐른다.

할미가 '호' 해 줄게 이리 와 '호' 하면 까르르 웃는 아가의 모습이 재미있다. 이 작품에서는 아가의 모습이 세밀하게 그려졌다. 귀여운 모습이 한 편의 영상이 된다.

할머니와 손주의 마음이 하나가 되어 조화를 이루고 있으며 동시의 특징인 간결성과 운율이 어우러져 작품의 완성도가 높다.

보슬보슬 가만가만
비가 내려요

예쁜 아가 친구들
참방참방참방
비 오는 길을 걸어요

후드득 후드득 비가 내려요
빨강 파랑 노랑 우산도 쓰지요

주르륵 주르륵 비가 내리면
예쁜 장화 신고
참방참방 길을 걸어요

거리의 나무들 안녕 안녕 안녕
꽃밭 꽃들도 랄랄라
춤을 추며 노래해요

보슬보슬 보슬
후드득 후드득
주룩주룩주룩

비가 내리면 아가 친구들 마음
알록달록 일곱 빛깔 고운 무지개
야호

「비가 내려요」 전문

비 내리는 거리를 걸어가는 아이의 모습을 쓴 작품이다. '보슬보슬', '참방참방참방', '후드득후드득', '주르륵주르륵' 의성어와 의태어를 사용하여 작품을 실감 나게 하였다.

  화자는 비 오는 날을 즐기고 있다. 참방참방 걸어가는 아이의 마음이 잘 나타나 있다.

  빨강 파랑 노랑 우산과 무지개를 나타내어 회화적 이미지가 선명하다.

  비 오는 날의 풍경이 즐겁고 아름다운 모습으로 묘사되었다.

  비 오는 날이지만 손주의 마음에는 즐거움이 가득 차 있다.

  '거리의 나무들 안녕 안녕 안녕/ '꽃밭 꽃들도 랄랄라/춤을 추며 노래해요'에서 순수한 어린이의 마음이 잘 나타나 있기에 동시의 맛을 나타내고 있다.

  비가 내리면 온 세상이 깨끗하게 씻겨지고 갈증에 목마른 식물들이 활기를 찾게 되는 즐거움도 있다. 간결체로 산뜻하게 나타내어 재미있는 작품이 되었다.

작은 연못 속 노오란 옷 입은
아기 오리 첨벙첨벙
헤엄치며 놀고 있어요

조금 있으니 후드득후드득
빗방울이 떨어져요

아기 오리 꽥꽥 꽥꽥
그때 아기 청개구리 나타나
아기 오리야 걱정 마

연못에 커다란 우산이 있어!

나처럼 해봐 하고 폴짝 뛰어
연잎 위로 올라앉았어요
「아기 오리와 아기 청개구리」 전문

아기 오리와 아기 청개구리가 이야기하는 모습이 정겹다. 의인화시켜서 사랑의 의미를 가르치고 있다. 다분히 교훈적인 작품이다.

어린이에게 착한 심성을 가르쳐 주기 위한 작품으로 작가는 의성어와 의태어를 통하여 실감 나게 이야기를 끌고 가고 있다. '첨벙첨벙', '후드득후드득', '꽥꽥 꽥꽥'은 역동적 이미지를 나타내고 있다.

연잎을 우산으로 비유한 점도 좋았다.

아기 오리와 아기 청개구리를 통해서 서로 도와 가면서 살아야 한다는 것을 가르치는 작품이다.

시는 마음의 표출이다. 그러므로 동시는 어린이의 인격 형성에 많은 영향을 미친다.

오늘날 어머니들이 자식을 위해 동화집과 동시집을 사서 읽히게 한다는 것은 바람직하다.

아가의 눈빛 아이스크림인가 봐
아가 눈빛 바라다보면
얼었던 마음 사르르 녹아져요

아가의 웃음 아이스크림인가 봐
깔깔깔 웃어주면
근심 걱정 다 녹아져요

아가의 두 볼 아이스크림인가 봐
우윳빛처럼 뽀얘
쪽! 쪽! 아이 달콤해
「아이스크림」 전문

작가의 관심과 관찰에서 이루어진 작품이다. '아가의 눈빛', '아가의 웃음', '아가의 두 볼'을 아이스크림으로 비유했다.

아이를 키우면서 쓴 체험적인 작품이다. 이 작품에는 아가에 대한 사랑이 듬뿍 들어있다. 눈빛만 바라봐도 얼었던 마음이 사르르 녹는다고 했다. 아가가 웃어주면 근심 걱정이 다 녹는다고 했다. 아가의 두 볼을 보면 달콤하다고 했다. 이 글에서 할머니는 손주에 대하여 무한한 사랑을 쏟고 있음을 알 수 있다. 상상력을 통해 비유적 이미지로 나타내어 시를 끌고 가는 힘이 예사롭지 않다.

정말로 재미있는 작품이다. 이렇게 쉽게 읽히고 쉽게 이해되는 작품이 바로 동시다.

아가는 한마디로 천사다. 아가를 보면 세상이 아름답게 보이기 때문이다.

아가를 보면서 무한한 상상력을 끌어내는 화자의 능력이 돋보인다.

커다란 무 하나 싹둑 잘라
바둑판 모양으로 네모나게 썰어서
우리 아가 좋아하는 깍두기 담그자

아기 입 한 입 크기
잘게 잘게 송송 자르자

아가는 아직 어려서
고추는 매워 아이 후 아해

고춧가루 대신 빨간 파프리카
잘 익은 빨간 토마토 갈아서
고춧가루 흉내 내보자

쓱쓱 싹싹 조물조물
할머니의 정성으로
뚝딱 만들어진 깍두기 반찬
우리 손주 잘 먹겠네
「아가가 좋아하는 깍두기 반찬」 전문

  할머니와 손주가 친구가 된다. 어린 시절에 많이 해 봤던 소꿉놀이가 시작된다.

  빨간 돌가루 갈아서 고춧가루 만들고 풀잎 따서 반찬하고 사금파리는 그릇되던 그때가 떠 오른다.

  지금 할머니와 손주는 깍두기 반찬을 만들고 있다. 고춧가루 대신 빨간 파프리카와 빨간 토마토가 등장한다. 여기에 각종 채소와 과일이 섞이면 맛있는 깍두기가 된다. 손주는 깍두기 반찬으로 밥 한 그릇을 뚝딱 비웠을 것이다.

  동심은 놀이다. 아이들은 놀이 속에서 경험하고 또 몸과 마음이 자라난다. 나이 차이, 세대 차이를 훌쩍 넘어 하나가 된다. 놀이 속에서 인성이 길러지고 맑은 정서도 자라나게 된다.

  산과 들, 골목마다 이이 웃음소리가 넘쳐나던 그때가 그립다. 노인이

뒤로 밀리고 버릇없는 어린이가 미래를 향해 자라고 있는 이때, 바람직한 어린이상을 보여주고 있다. 정서가 메말라가는 시점에서 이 작품이 시원한 생수가 될 것이다.

아가가 가지고 노는 풍선
바람이 가져갔어요
높이높이 하늘 높이
올라갔어요

바람아 그건
아가 풍선이야

바람이 말했어요
하늘 아기 별들 풍선 없다고
아기 별들에게 가져다 준대요

아가가 훅 불고 있는 풍선
바람이 가져갔어요
누구 주나 보았더니
달님에게 주었대요

「아기 풍선」 전문

동시 속에 동화가 숨겨져 있다. 아기가 풍선을 가지고 놀다가 놓쳐버렸다. 풍선은 하늘로 날아가 버렸다. 어쩔 줄 몰라 당황하는 아기에게 할머니는 동화 한 편을 들려준다.
아기와 할머니는 바람과 아기별과 달님을 불러들인다. 아이의 눈은 이제 하늘을 바라보며 우주로 들어간다. 할머니는 우주의 일원이 돼서 바람에 말한다.

풍선을 잃고 울상이 된 손주에게 바람을 불러내서 풍선을 돌려 달라고 한다. 참 재미있는 발상이다. 이때 아기는 울음을 뚝 그치고 바람을 찾을 것이다. 눈으로 볼 수 없는 바람을 향해 우리 아기 풍선을 내놓으라고 부탁한다.

바람의 대답은 아기별도 풍선이 없어, 아기 별에게 주려 간다고 한다. 아이는 이제 자기의 소유를 아기 별에 양보하는 양보심을 배우게 될 것이다.

나중에 보니 달님에게 풍선을 주었다고 한다. 아이는 달님의 존재를 확인하며 달님과도 친구가 되려고 한다. 상대를 배려하는 마음을 키워 줄 수 있는 교훈적인 작품이다.

참신한 발상과 표현이 돋보이는 작품이다. 어린이에 대해 삶의 방향을 제시하고 있으며, 행간에는 사랑이 넘치고 있다.

이 작품은 재미있는 이야기가 들어 있다. 한 편의 동화를 읽는 것처럼 느껴진다.

아가가 환하게 웃으니
해바라기 꽃 닮았네
해바라기 꽃 활짝 피니
해님 닮았네

해바라기 큰 꽃잎
하나하나 해님처럼
방실방실 미소 짓네

우리 아가 웃기만 하지 말고

해바라기하고 키 재어보자
누가누가 더 크나
해바라기가 더 크다

우리 아가 맘마
많이 먹어야겠네
「아가와 해바라기 꽃」 전문

　동시란 동심 어린 상상력과 문학적 상상력이 균형을 이룰 때 좋은 작품으로 거듭난다. 문학적 상상력은 동시 작품에서 더욱 빛을 보게 된다.

　해바라기와 아기로 조손간에 대화가 이루어진다. 해바라기를 닮은 아기, 해님을 닮은 해바라기로 발전해 나간다.

　닮는다는 것은 대상물을 목표로 해서 한 걸음 앞으로 나간다는 의미다. 할머니는 아기가 해바라기처럼 활짝 웃으며 행복하게 살기를 바라는 염원을 품고 있다. 해바라기도 해님을 닮아 넉넉한 웃음으로 인간 세상을 밝게 해 줄 것이다. 나아가서 아기도 해바라기를 닮아 쑥쑥 자라리라는 기대를 담고 있다. 해바라기와 키 한번 재 보자고 제안한다. 해바라기만큼 자라려면 많이 먹어야 한다고 말한다.

　밥을 잘 먹지 않는 아기에게 기발한 아이디어로 접근한다. 이 말을 들은 아기는 밥숟갈 뜨는 손에 힘을 줄 것이다.

　순수성에서 뿜어져 나오는 심미 의식을 다양한 스펙트럼으로 분사시키는 묘미가 이 작품을 살리고 있다.

　조손간의 대화를 진솔하게 그렸다. 새로운 소재며 개성적 표현이다.

기교 부리지 않는 일상어가 잔잔한 울림을 준다.

아침 해님이 방긋
창가에 마중 나오면
아가는 눈 비비고 일어나지요

오늘은 할머니랑
어린이집 가는 날
할머니 손 꼬옥 잡고
아장아장 잘도 걷는다

놀이터 새끼 참새들도
벌써 나왔네

참새들아 안녕?
친구들도 안녕?
선생님도 안녕?
「오늘은 할머니랑 어린이집 가는 날」전문

'이오덕' 아동문학가는 '동시란 어린이 눈높이에서 어른이 쓴 시다. 어른이 본 어린이의 세계다. 어린이도 이해할 수 있는 어른의 세계를 내용에 담는 시다.' 라고 했다.

어린이의 눈높이에서 쓰인 위의 작품을 감상해 보자.

할머니 손에 이끌려 어린이집으로 향하는 아이의 마음은 어떨까? 가족과 떨어져 선생님과 친구와 만나 낮을 보내야 하는 아이의 마음은 걱정 반 불안 반 그리고 호기심도 있지 않을까?

어린이집에 가지 않겠다고 떼를 쓰는 아이도 있으니, 아이의 불안감을 짐작할 수 있을 것이다.

 자는 아이 깨워서 어르고 달래며 어린이집으로 향하는 할머니 마음도 불안하긴 마찬가지 아닐까?

 '잘 어울릴까? 잘 견뎌낼까? 다른 아이의 공격을 받진 않을까?'

 '할머니 손 꼬옥 잡고' 라는 부분에서 나타나 있다.

 잡은 두 손은 이런 불안한 마음을 위로한다. 여기에 참새까지 친구로 삼아 아이가 자신 있게, 당당하게 앞으로 나갈 수 있게 도와준다.

 어린 나이에 엄마 품을 떠나 할머니께로 또 어린이집으로 이어지는 어린이의 일상이 잘 드러나 있다.

 이미지가 명징하고 세밀한 관찰, 정확한 표현, 여기에 시상 전개도 매끄럽다.

  노랑 저고리 입고
  때때 신발 신고
  아장아장 걷는 아가
  어딜 가시나

  초롱초롱 빛나는
  아가별이 온다기에
  달맞이꽃 꽃등 들고
  아기별 만나러 가지

  노랑 저고리 입고
  때때 신발 신고
  아장아장 걷는 아가
  어딜 가시나

밤하늘 아기별 하얀 꽃잎에
　　아름다운 꿈 담아 싣고
　　온다기에 아기별 마중 나왔지
　　　　　　　　　　「달맞이 꽃」 전문

　노란 병아리를 닮은 아기가 아장아장 걸어간다. 때때옷에 때때 신발을 신고 있다.
　달맞이꽃을 닮은 아기는 초롱초롱 빛나는 아기별을 닮았다. 아기는 달맞이꽃, 아기별 등 자연을 벗 삼아 순수하게 살아갈 것이다.
　자연과 함께하는 삶을 환상적으로 그리고 있다. 달맞이꽃 들고 하늘의 별 마중 간다. 달맞이꽃은 달을 맞을 것이고, 아기는 아기별을 마중 갈 것이다.
　자연과 잘 어울리는 인간 모습을 그리고 있다.
　하늘의 별과 달을 보며 꿈을 키워왔던 작가의 어린 시절이 불려 나온다. 할머니의 어린 시절이 손주 시대에 재현되고 있다.
　자연은 어느 시대나 어린이의 가슴에 꿈이 되었고, 마음의 양식이 되었다. 자연을 멀리하고 기계에 친화적인 현실에 청량제 같은 시원함을 주는 작품이다.
　자연을 향한 순수함으로, 맑은 서정으로 독자를 끌고 있는 점을 높이 사고 싶다.
　동시는 언어로 현실을 잘 빚어내야 한다. 어린이가 자연과 멀어지고 있는 현실이다. 이런 동심 가득한 자연 친화적인 작품을 창작하여 메마른 아이들의 가슴에 단비처럼 가슴을 촉촉이 적셔주었으면 하고 바란다.

> 엄마 회사 가지 마
> 엄마 보고 싶어
> 싫어 싫어 엄마랑 놀래
>
> 할머니 학원 가지 마
> 난 할머니랑 노는 게 더 좋아
>
> 네 살 된 아이 눈에
> 수정 같은 은구슬이
> 끝없이 쏟아진다
>
> 할미가 업고 갈까?
> 자 어부 바
> 할머니 걸음 뒤뚱뒤뚱 오리걸음
>
> 아이의 하원 길
> 손에 장난감 뿅 망치
> 즐거워하는 아이
> 할머니 이것 봐 멋지지?
>
> 「어린이집 안 갈래」 전문

'엄마 회사 가지 마/ 엄마 보고 싶어/

할머니 학원 가지 마/ 난 할머니랑 노는 게 더 좋아'

이 말을 들으면 가슴이 무너진다. 아무리 어린이집이 좋다지만, 아기에게는 서먹하고, 두렵기까지 할 것이다.

어린아이가 가까운 엄마나 할머니와 떨어져 생소한 선생님이나 친구와 생활한다는 일은 크나큰 모험이다.

'수정 같은 은구슬이/ 끝 없이 쏟아진다.'

이 모습은 겪어보지 않은 사람은 모를 것이다. 여기에 맞벌이 부부의 애환이 서려 있다. 우는 아이 두고 가는 엄마의 마음은 더욱 아플 것이다.

이를 돕고자 할머니가 나서서 육아를 맡아 하지만, 할머니의 입장도 만만하지 않다. 아이를 어린이집에 보내놓고 학원에라도 다니며 육아 스트레스를 푸는 시간을 가져야겠는데, 손주는 그것을 받아들이지 못한다. 적응 기간이 지나야만 원활할 것이다.

어르고 달래서 억지로 어린이집에 맡겨두고 하원길에 장난감 사 주며 아이를 달래는 모습에 가슴이 아린다.

아이와 할머니의 심리 묘사가 디테일하다. 팽팽한 긴장감 속에 함축과 적절한 비유로 대상의 감정 묘사가 진솔하다.

우리 아가 말문 터졌네
외국어만큼이나 알아듣기 어려워
반은 알아듣고
반은 못 알아듣고

아가도 답답하고
할미도 답답하고
아무래도 엄마 참새가
통역해 줘야 하나 봐
「아가의 통역사 누굴 뽑을까」 전문

옹알이가 한 단어 말로 발전하고, 또 두 단어 세 단어에서 드디어 문장을 말할 수 있는 단계에 이르게 됐다.

처음 말문이 터졌을 때의 경이감은 자녀를 길러 본 사람들은 모두 알 것이다. 그때의 그 감동을…

'반은 알아듣고/ 반은 못 알아듣고'

이럴 땐 아기가 먼저 답답함을 호소한다. 세계 어느 나라 말을 쓰고 있는 것일까? 작가는 엄마 참새라는 자연을 끌고 와 통역사로 시킬 모양이다. 이 얼마나 참신한 발상인가!

할머니 생각은 참새라면 새끼 새들의 말을 모두 알아들을 것 같다. 아마 손주에게 동의를 얻은 것 같다. 참새가 사람의 언어를 이해하고 통역까지 해 준다? 그렇담 할머니보다 손주보다 참새가 더 사람의 말을 잘 이해한다는 것이다.

할머니가 손주와 서툰 언어로 대화하는 모습이 선명한 이미지로 다가온다. 귀여운 손주 모습이 눈앞에 선하게 떠오른다. 손주에 푹 빠진 할머니는 정말로 손주 바보다.

개성적인 발상으로 이야기를 구성하고 있다. 체험과 상상력이 어우러진 좋은 작품이다.

엄마 립스틱은
아가의 그림물감

아가는 엄마처럼
입술에 쓱쓱 그리더니

수염이야! 수염

강아지한테 가더니
탱이야 나 멋있지?
너도 해 줄까?

「엄마 흉내 내기」전문

엄마 없는 사이에 아이는 온 집안을 헤맨다. 큰 방 작은 방을 샅샅이 뒤지며 가택 수색이라도 나온 듯하다. 책상 서랍을 뒤지고, 장롱문도 열고 그 속에 들어가 숨기도 한다. 거기서 그만둘 아이가 아니다. 호기심 많은 아이는 주방을 점령하고 양념통을 들여다보고 소꿉놀이하듯 놀다가 지치니, 급기야 엄마 화장대를 점령하고 만다.

거기에는 놀랄만한 물건이 들어있다. 가장 마음에 드는 화장품이 바로 엄마 립스틱이다. 그림이라도 그리듯 흰 종이에 마음대로 그렸을 것이다. 화가가 따로 없다. 마지막엔 엄마처럼 입술에 그린다. 거울도 보지 않고 짐작으로 입술 언저리에 그려본다.

제대로 그릴 리 없다. 입술을 벗어나 턱에다 그려댔겠지! 꼭 수염을 그린 것 같이….

강아지에게 자랑하러 간다.

'탱이야 나 멋있지?/너도 해 줄까?' 귀여운 아기와 강아지가 친구 되어 대화하는 정다운 모습이 눈에 보인다.

어린이의 속성과 관심사를 잘 나타낸 작품이다. 재미와 리듬감 외에도 참신성과 개성이 잘 나타나 있다.

삐리 릴리 삐리 릴리
음악 소리와 함께
아가는 세발자전거 페달을
힘차게 밟고 달려요

세발자전거는 아가가
안전하게 균형 잡을 수 있도록
세발이 되어 세상을 나아가게 해줘요

아가는
"잘 탈 수 있겠어! 출발"
외침과 함께 작은 언덕도
"영차영차 힘을 내봐"
거뜬히 올라가지요

세발자전거 타는 즐거움에
머리카락 가르마
바람에 휘날리며
두 눈동자는 반짝반짝 빛나지요

세발자전거 작은 페달은
큰 세계로 탐험하며 또 다른
도전하는 재미를 느끼고 있지요

「세발 자전거」 전문

　아이가 태어나 맑은 눈동자를 반짝이며 할머니 마음을 온통 뺏어가더니 이제 자전거를 탈 수 있는 단계까지 오게 됐다.
　손주를 기르면서 한 단계씩 자라날 때마다 그 모습을 놓치지 않고 동시라는 저장고에 저장해 두었다. 옹알이하던 아이는 어느새 자전거를

작품해설　139

타게 됐다.

'삐리 릴리 삐리 릴리/음악 소리와 함께/ 아가는 세발자전거 페달을/ 힘차게 밟고 달려요.'

요즈음 자전거에는 앞 핸들 가운데 부분에 음악 소리를 내는 장치가 달려있다. 음악을 틀고 신나게 페달을 밟고 달린다. 씩씩한 손주 모습에 할머니 마음은 뿌듯하다.

"잘 탈 수 있겠어! 출발", "영차영차 힘을 내 봐"

용기를 내지 못하고 주춤주춤 출발하지 못하는 손주에게 용기와 힘을 주고 있다. 손주는 할머니의 격려에 머리카락 바람에 휘날리며 앞으로 달려 나간다.

큰 세계를 향하여…

이 글을 읽는 어린이 모두 손주처럼 힘차게 앞으로 달려 나가길 바란다.

흰 눈 쌓인 숲 속 나라로
여행을 떠나요

나뭇가지마다 흰 눈꽃 송이가
방긋방긋 웃음 머금고

아기 다람쥐는 숨겨놓은
도토리 찾아 오물오물

바람이 쌩쌩 불어오지만
아이는 할머니 손 꼭 잡아 따뜻해요

숲 속 나라에는 여러 아기동물이
우리를 반겨주어요

초롱초롱 빛나는 아가 눈에
행복이 담겨 있어요

할머니 옛이야기 들으며
한 걸음 한 걸음 걸을 때마다
얼마나 소중한 꿈을 만들어 가는지

아이의 행복하고 아름다운
세상을 펼쳐가고 있어요
　　　　　　「할머니와 아가의 여행」 전문

　흰 눈 쌓인 숲 속, 순백의 설경이 아름답다. 나뭇가지마다 흰 눈꽃 송이가 피어나 눈꽃 동산이 됐다. 이 동화 속 같은 숲에서 다람쥐가 반겨준다.
　흰 눈이 덮여 온 세상이 설국이 됐다. 아마 손주는 난생처음 이런 모습을 경험했을 것이다.
　'아기 다람쥐는 숨겨놓은/도토리 찾아 오물오물'
　추운 날에도 도토리 찾느라 바삐 움직이는 다람쥐를 만나 대화한다. 흰 눈과 다람쥐의 조화도 환상적이다.
　두터운 외투를 입고 할머니 손을 꼬옥 잡은 아기는 겨울 속으로 들어간다. 이런 자연을 만난 아기는 순백의 자연에 푹 빠져든다. 자연은 어린아이의 마음을 넓게 싸안고 반갑게 맞아준다.

작가가 그린 동시 속의 겨울은 아름답고 포근하다. 겨울을 넉넉히 이기고도 남을 것이다.

3. 맺는말

박정민 작가는 어린이를 사랑하는 마음이 남다르다. 언젠가 모임에서 작가의 손주를 보게 됐는데, 정말 귀여운 모습이었다. 거기다 얼마나 똑똑한 지….

할머니의 정성으로 자란 손주는 앞으로 훌륭하게 자라 이 나라의 기둥이 될 것이라 믿는다.

작가는 손주를 기르는 중이니, 누구보다도 어린이의 마음을 잘 알고 있을 것이다. 어린이의 눈높이에서 동심을 읽고 있다. 여기에 작가의 세밀한 관찰력까지 더해지니 별처럼 빛나는 작품이 쏟아져 나온 것이다.

남다른 관찰력에 풍부한 감성까지 지닌 작가는 예술성과 현실 반영이라는 두 축을 기준으로 시상을 물 흐르듯 전개해 나가고 있다.

걸음마 시점에서 출발한 어린이가 작품 곳곳에서 동시를 주도하고 있다. 손주의 성장 과정을 지켜본 작가는 체험을 형상화하여 수준 높은 작품으로 마무리 지었다.

독자는 이 동시집을 계기로 육아 시절의 과거를 불러오리게 됐다. 독자는 작품 속에서 공감대를 형성하게 될 것이라 믿는다.

이 동시집을 읽은 느낌을 한마디로 표현하면, 동심의 세계를 세밀하게 나타내었다. 동시의 특징인 간결성, 리듬과 운율, 비유를 통한 이미지가 잘 나타나 있다.

자연과 어린이를 사랑하는 박정민 작가의 시집 『어쩜 이리 예쁠꼬』는 참신하고 다정다감한 모습으로 독자에게 다가갈 것이다.

어린이의 눈높이에 맞게 나타내었고, 의성어와 의태어를 통하여 작품의 역동적 이미지를 나타내었다.

어린이를 사랑하는 마음이 시의 행간마다 숨어 있다.

손주의 눈에 비친 세상 이야기를 할머니의 사랑으로 펼쳐놓았다.

체험을 통한 작품이기에 공감과 재미를 주고 있다. 어린이의 정서 순화에 좋은 동시집으로 자리매김하리라 믿는다.

어쩜 이리 예쁠꼬

초판 인쇄 2025년 1월 17일
초판 발행 2025년 1월 21일

지은이 박정민
발행인 임수홍
편 집 맹신형
디자인 윤경숙

발행처 한국문학신문
주 소 서울 강동구 양재대로 114길 32 2층
전 화 02-476-2757~8   FAX 02-475-2759
카 페 http://cafe.daum.net/lsh19577
E-mail kbmh11@hanmail.net

값   15,000원

ISBN 979-11-90703-93-2

· 저자와의 협약에 의해 인지는 생략합니다.
· 이 동시집의 글은 저작권법에 따라 보호를 받는 저작물이므로 저자와 출판사의 동의 없이는 무단 전재 및 무단 복제를 금합니다.
· 잘못된 책은 바꾸어드립니다.